나는 울렁이다

나는 물렁기다

김성효 시집

신아출판사

| 책머리에 |

들녘에 서서

    내 고향은 시골 농촌이다.
    들녘은 생명을 기르는 크나큰 보고이다. 또한 역사이며 현재이고 미래다. 인류는 자연에 뿌리를 박고 작물이나 가축을 기르며 생활하며 미래를 꿈꾸어 왔다. 또한 문명은 큰 강을 따라 발전해 왔다.
    대자연에 서있는 것은 수풀이다. 나무는 뿌리, 수간과 수관 그리고 꽃과 열매로 나누어 볼 수 있다. 나무는 뿌리가 많을수록 잘 자라고 바람이나 폭우 등에 잘 견디며 우뚝 서있을 수 있다. 뿌리는 역사이다. 인류는 역사 위에 존립해 왔고 역사를 중요시하는 국가는 큰 발전을 거듭해 왔다. 모든 국가가 자국의 역사가 오래되고 위대하다고 내세우는 것이 바로 이런 이유 때문이다.
    나무의 수간과 수관은 현재이다. 우리가 자녀를 청년들을 교육시켜 동량이 되도록 육성하는 것과 같은 것이다. 이것이 농사이며 현재이다. 그리고 꿈과 희망을 품고 아름다운 꽃, 풍성한 열매를 수확하는 것은 미래라 할 수 있다. 모든 산업은 농촌에 뿌리를 박고 일어나 발전해 왔다.
    많은 사람들이 농촌은 희망이 없다고 도시로 떠났다. 그러나 나는 농촌은 꿈과 희망이 있고 자연이 살아 숨

쉬는 아름다운 곳이라 생각해 왔다. 과거에 청와대 근무 기회도 있었으나 나는 농촌을 선택하였다. 지금 나는 드넓은 들녘을 바라보고 서있다.

어제도 오늘도 내일도 또 그렇게 서있을 것이다.

눈을 감으면 바람 소리 들리고 귀를 기울이면 새 소리, 물 흐르는 소리, 벌레 우는 소리가 들린다. 맑고 고운 파란 하늘을 보면 끝이 없는 미래가 펼쳐진다.

나는 징 소리가 들리면 가슴이 마구 뛴다. 새벽의 징 소리가 하루의 문을 연다. 징 소리가 들리면 한 해 농사가 시작된다. 징 소리가 들리면 변화가 온다. 울력이 시작되고 마을 잔치가 열리고 새 집이 지어진다. 또 징 소리는 구름 타고 바람 타고 수만 리를 날아가 타향살이 외로움을 꿈속에서 달래준다.

나는 꿈속에서도 들녘에 서 있을 것이다, 내 고향 농촌은 보이는 것, 들리는 것, 생각하는 것, 모든 것이 희망이요 미래이기 때문이다.

상념을 주신 하나님께 감사드리고 시집 발간을 도와주신 형님을 비롯한 형제들에게 또, 이 글이 나오기까지 이끌어 주신 선배님, 그리고 문우님들께 감사 말씀을 올린다.

2021년

차례

책머리에

제1부 | 들녘의 피리 소리

14 • 농부를 위한 노래
16 • 먼동
18 • 텃밭 한 번 가꾸어 보세
20 • 못밥 내기
23 • 비가 오는 들녘
26 • 부자간의 맞두레
28 • 쨍그랑쨍그랑
32 • 내 고향 징 소리

제2부 | 동진강변 사람들

36 • 동진강의 여정
39 • 황금벌판
42 • 참게의 꿈

44 • 버르장머리
46 • 나락 훑는 날
48 • 꼬마 소녀의 결단
51 • 원두막과 개구쟁이들
54 • 새벽의 날벼락
56 • 허물 덮는 횃댓보

제3부 | 저 하늘에 사랑이

60 • 꿈 많은 박댕이
62 • 나락 모가지
64 • 어쩔 거나
66 • 사랑의 눈물
68 • 첫사랑의 고백
70 • 못다 한 사랑

72 • 바보 같은 인생
74 • 망부의 한恨
76 • 삶의 길목

제4부 | 봄부터 겨울까지

78 • 봄이 올라치면
80 • 봄이 오는 길목
82 • 숫처녀의 봄
84 • 노오란 봄
85 • 우물가 버드나무
86 • 시끄러운 나팔꽃
88 • 합죽선
90 • 무지개 뜬 계곡
92 • 용수골 방죽

94 • 황소와 무지개
96 • 코스모스
98 • 한가위의 보름달
100 • 가을이 취했다
102 • 억새의 추억
104 • 풍성한 가을
106 • 매미의 창가
107 • 호박 잔치
108 • 머슴과 고추잠자리
109 • 꼬리 무는 계절
110 • 메뚜기 세상
112 • 철갑 두른 소나무
114 • 초가 지붕의 엄살

제5부 | 세상살이

118 • 이끼와 바위
120 • 구름의 속마음
122 • 망각忘却
124 • 산다는 것은
126 • 인생은 강물
128 • 시절
130 • 밤하늘의 진주
132 • 달님의 마음
134 • 산과 들녘
136 • 더 높은 곳을 오르면
137 • 오솔길의 오지랖

제6부 | 정말 당신은

140 • 눈여겨보지 마라

142 • 문틈 사이로

144 • 석수의 정

145 • 담배 그리고 나

146 • 내 마음 어디에 둘까

148 • 정말 당신은

150 • 감추어라

제7부 | 유혹의 나래

- 154 • 통한의 전봇대
- 158 • 허공을 치는 징채
- 162 • 낮은 대로 임하면
- 164 • 꼬리표
- 166 • 유혹

제1부

들녘의 피리 소리

농부를 위한 노래

이른 새벽 꼬끼오
수탉이 새날을 열어 주고

아침이면 움 ~ 메 소가 부르고
우리에선 돼지가 돌돌돌
밥을 보챈다

안개 걷히면 암탉이 꼬꼬댁
알 낳았다 자랑을 하고
사립문 언저리
삽살개 꼬리를 흔들어 재롱부린다

논에 나가면 뜸부기
인사를 건네고
아낙네 밭에 나가면
종달새 높이 떠 노래 부른다

한낮에 뻐꾸기 임을 부르고
참새는 짹짹 부산을 떤다

석양의 기러기 끼룩끼룩
기역니은 일기를 쓰고

해가 지니 따오기 숨 멎듯 울고
오늘도 고생했다
귀뚜리 귀뚜르~
자장가 부른다

먼동

새벽에 닭 울자
검은 이불 개느라
박쥐들 부산하다

밤새 일한 부엉이
고목 진 나무에 앉아
졸음을 못 이겨
눈을 연신 껌벅인다

밤새워 사랑 나누던
달맞이꽃
부끄러워 얼굴을 감싸 안았다

먼동이 터온다
동녘 하늘
열어젖히며
하루 해가 솟아난다

단잠에 깬 나팔꽃은
하얀 이슬에 세수하고
꽃단장에 화사하다

세상의 모든 비밀 들춰내려
먼동이 터온다

어두운 밤
새기 전에 모두 고백하라
날 밝아오면
때가 늦으리니

먼동이 터온다
어두움을 들춰내며
세상 하얗게 비추려고
먼동이 터온다

텃밭 한 번 가꾸어 보세

이른 봄
텃밭에는 새포아풀
소털같이 나 있어

소 몰고 밭 갈아
상추 심고 감자 심고

해 길어지는 봄볕에
씨 뿌리고 고추 심고

초여름 땡볕에
구릿빛 팔뚝은 허물을 벗고 있다

땀 흘려 일하니 허기가 밀려오고
된장에 상추쌈이 쇠고기 부럽잖네
가지 따고 물외 따서 밥상에 올려보세

깡깡한 밭두둑 쳐 열무를 뿌려 놓고

지글지글 더위엔 밤고구마 제맛이라
시원한 그늘에서 참외 맛도 일품이고

수 없는 괭이질에 송골송골 땀이 나니
막걸리 한 사발에
고추장에 풋마늘이 안주로 제격이네
가을바람 선선하니
마늘 심고 양파 심고
배추 뽑고 파 다듬어
김치 담가 겨울나세

못밥 내기

꼬끼오!
닭 우는 소리 들리자
부스스 눈 비비고 일어나
쌀부터 씻는다

가마솥에 물을 채워
아궁이에 불을 지피고

배추와 오이소박이
간을 질러 마늘 파 고춧가루
깨소금 참기름 젓국물 넣어
골고루 빨갛게 뒤집어 섞고

닭장에 얼른 가서
장닭을 잡아와 목을 비틀고
털을 뽑아 갖은양념 다 하여
푹 삶아 곤다

대청마루 귀퉁이 수퉁아리*에
용수를 박고 모리미** 퍼서
주전자에 가득 채우고

가마솥 뚜껑을 열어
윤기 흐르는 뜨거운 밥
밥통에 퍼 담으니
광주리에 넘쳐 난다

수건을 따리 틀어
머리에 대고
집채만 한 광주리를 이고
논으로 향한다

어서 가자
정성 어린 못밥***이
풍년을 불러온다

훠이훠이
바쁘게 띄어지는
못줄이 춤을 춘다

* 독
** 전내기의 방언
*** 모내기할 때 들에서 먹는 밥

비가 오는 들녘

침묵만 흐르던 들녘
갑자기 청개구리가
깔 깔 깔 가냘픈 목소리로
살랑살랑 바람을 일렁인다

이에 뒤질세라
논에서는 참개구리가
제법 굵직한 목소리로
개굴개굴 장단을 맞추며
구름을 하나 둘 불러들인다

이제
평온하던 들판이
분주해져 가고
하늘에선 이름 모를 새들이
부산을 떨며
이리저리 날아간다

마침내
목마른 들녘에 비가 내린다
퐁 퐁 퐁
정말 오랜만에 들려오는
반가운 빗방울 소리다

들리는가
저 환호성이
즐겁고 살판난
오곡들의 합창 소리가

하나
둠벙*에서 들려오는
시끄러운 맹꽁이 소리에도
아랑곳하지 않고

귀 막은 농부만이

여유로이 황토마루에 앉아
꾸벅꾸벅 졸고 있다

*웅덩이의 방언

부자간의 맞두레

영차~
영차~
부자간에 마주 보고
네모난 맞두레*를 호흡을 맞춰가며
하나요
둘이요
오랜만에 두레질을 시작한다

두레질 열 번이면 쌀이 한 되요
두레질이 백 번이면 쌀이 한 말이고
두레질 천 번이면 쌀이 한 가마라

영차~
영차~

백 번 천 번을 퍼 담아도
아들은 아버지 눈치보고
아버지는 아들을 눈치보느라

쉴 수가 없구나

이마에 송골송골 땀이 맺혀 흘러도
고집 센 기싸움이 시작되고
그 아버지에 그 아들이라

오늘만은
둠벙**물이 다 말라야 쉴 수가 있겠구나

* 두 사람이 마주 잡고 물을 퍼 올리는 두레
** 웅덩이

쨍그랑쨍그랑

1
새벽녘 외양간
소 목덜미에 매달린
동그란 워낭
쨍그랑쨍그랑
어둠을 깨운다

외양간 뒷문에서 바람에 실려
드넓은 들녘으로
워낭 소리
메아리쳐 나가고

농부의 써레질에
질퍽한 논바닥
무릎까지 빠지고

이랴! 이랴!
숨 가쁘게 소를 몰아간다

삶의 터전에 뿌리박은
들녘의 곡식들
쨍그랑쨍그랑
그 소리에 자라난다

푸르디푸른 들녘
비와 바람과 햇볕에 익어
황금물결 이루니

이랴! 이랴!
쉼 없이 실어 나르며
쨍그랑쨍그랑
워낭소리에
추수가 마무리되었다

2
이젠
텅 빈 들녘

저 멀리서
쨍그랑쨍그랑

어노 어허노 어나리 넘차 어허노
가지 마오 가지 마오
이제 가면 언제 오나
어노 어허노 어나리 넘차 어허노

상여 떠나는 소리에 괜한 가슴
생수 솟아나 듯 눈물이 나고
꽃상여 아득히 멀어져 간 뒤

휑한 들판
바람에 실려

이따금
워낭 소리만 메아리쳐 돌아온다
쨍그랑쨍그랑

내 고향 징 소리

이른 새벽
지~잉 지~잉
징 소리가 울린다

울력을 나오시오
한 집에 한 사람씩
오늘은 동네 한가운데에
시암을 파겠소

지~잉 지~잉
경사 났네 경사 났소
동네 사람들 모두 모정으로 나오시오

오대 독자 김부자 집
아들 쌍둥이 태어나서
돼야지 잡아 걸판지게 멕인다니
모두 나와 잡수시오

또, 지~잉 징 소리가 들린다
동네 사람들 모두 정자 터로 나오시오
칠월 칠석 술멕이를 허겠소

지~잉 지~잉 징 소리
바람 타고 구름 타고
천리 만리 날아가
타향살이 외로움을
꿈속에서 달래준다

지잉 ~ 징 소리
징 소리만 들리면
괜스레 내 가슴이 뛴다

제2부

동진강변 사람들

동진강의 여정

상두산 칠보산 내장산 빗물
아홉 내기 시냇물 되어
시원스레 흐르더니만
동진강 만석보*에 다 모였다

두승산이 배들을 바라보고
이리저리 손짓하니

만석보에 채인 물이
베틀에 올라타서
천 갈래 만 갈래
날줄 되어 흐르니

갈증 푼 논바닥이
나락을 부여잡고
스멀스멀 일어선다

팔월의 뜨거운 뙤약볕
아궁이에 밀어넣어
가마솥에 삶으니
파란 이삭이 노랗게 익었다

동진강 실개천
구석구석 고인 물에
숨겨 든 참게들
야금야금 보름달 갉아먹어
그믐달 되었다

강물은 머물고 싶은데
갈 길 바쁜 참게들이
계화도 앞바다에
억지로 몰아넣으니

어기적어기적

흘끗흘끗 뒤를 돌아보며
마지못해 흘러간다

*전라북도 정읍시 이평면에 있는 저수지
 (동학농민혁명의 단초)

황금벌판

황량한 들판에
이따금 바람만 불어오고
기나긴 겨울이 시작되면
아무도 찾지 않는
홀로 고요하고 지루한 세상 펼쳐진다

눈 덮인 어느 날
언덕 밑 논 구석부터
흰 눈 털어 제치면
들판은 겨울의 긴 잠에서 깨어나고
어느새 논바닥엔 둑새풀 솟아오르고

노고지리 높이 떠 울어대면
소 몰아 논갈이 바빠지고
앞다투어 모내면
들판은 입추의 여지없이 꽉 들어찬다

먹구름 지나가고

흰 구름 떠오르면
참았던 욕망은 또다시 시작되고
까만 밤 흰 이슬 내리면
들판은 어느새 황금색으로 변하고
숨죽여 참아왔던
참새들의 새로운 세상이 펼쳐지고
그동안 서러웠던
그리웠던
아쉬웠던
미웠던 것
강철보다 더 강한 맹약
그 모든 것이
드넓은 황금벌판 풍성함 속에서
결국은 다 녹아나고 만다

추수가 끝나면 드넓은 빈 들판에
고요함은 시작되고

잃어버린 그것을 찾기 위해
홀로된 들판을
오늘도 서성인다.

참게의 꿈

푸른 들판을 가로지르는
작은 시냇물
굽이굽이 잘도 흐른다.

무언가 나뭇잎처럼
시냇물에 몸을 부려
둥둥 떠내려온다

한없이 나약하고 무능하여
수군거리고 손가락질 받는
물렁기다

속내는
고통은 짊어지고
허물을 벗어던져
더 크고 강하게 변신하기 위해
의식을 치르는 중이다

한데
우리는 왜?
허물을 벗지 않고
자꾸 뒤집어쓰는가

보라!
비록 미물이지만
오대양 육대주를 품고
스스럼없이
허물을 벗고 있는 것을

하여
나는 오늘도
물렁기*를 꿈꾼다

* '물렁게'의 방언

버르장머리

이른 봄
지난해 농사를 뒤돌아보고
올해의 농사를 손꼽아 본다

텃논은 맛 좋은 나락을 심어
식량을 하고

텃밭에 갖은 채소 다 심어 놓고
뒷밭에 고추 심고 깨도 심는다

다랑밭엔 콩을 심어 메주를 쑤고
배추 심고 파를 심어 김치를 담가
타향살이 자식들 나누어 줄 요량이다

외양간 배메기 소 송아지 낳으면
정성껏 길들여 논밭을 갈고
올해는 풍년 농사
기어코 다짐해 본다

하늘에 먹구름 밀려오더니
장대비 몰아와 밤낮없이 퍼부어
온 세상 다 뒤집어 놓는다

봄부터 힘 쏟아
남 못지않게 농사지어 놓으니
이따가면 행패 부리는 버르장머리에

이제
남은 건 목숨뿐이고

한 맺혀 통곡하며 땅을 쳐보니
고생하며 갈라진 손
피멍이 든다

나락 훑는 날

짙푸른 하늘
끝없이 펼쳐진
맑고 고운 날

마당에 덕석을 깔고
동네 아낙네 모두 나와
홀태를 세운다

나락을 한 주먹 움켜쥐고
허공을 향해 부챗살처럼 펼쳐
홀태에 걸어 당기면
나락비가 쏟아진다

힘깨나 쓰는
오복이 만석이 억수 등
동네 머슴들 다 모였다

볏단을 지게에 하나 둘

쌓아 올리니
태산보다 높게 보인다

좁은 논둑길
구불구불 비틀비틀
앞서거니 뒤서거니
목에는 수건을 두르고 닦아도
이마에는 땀이 송골송골
비 오듯 쏟아진다

뒤처지면 세경이 달아난다
아홉 짝이냐!
열 짝이냐!
어서 뛰자 앞서가자
저 노적봉이 다 사라질 때까지

꼬마 소녀의 결단

이른 봄
해는 길어져 가고
농부들은 씨 뿌리기에 바쁘다

하나 둘 정성스레 쌓아 올린
돌담길을 굽이굽이 돌아가도
인기척은 없다

이따금 더위에 지쳐
혀를 내민 강아지들만
힘없이 오간다

갑자기 철그렁철그렁
마을 어귀에 엿장수가 들어섰다
엿 사시오! 엿을 사!
빈 병, 머리카락, 고무신짝
모두 가져오시오

감나무 밑에서
소꿉놀이를 하던 일곱 살배기 소녀는
갑자기 동생의 손을 이끌고 방으로 들어갔다

반짇고리에 있는 가위를
치켜들고 스스럼없이
머리를 싹둑싹둑 자르고
동생 머리에 대충 수건을 둘러주고

엿장수에게 얼른 달려가
엿가락을 받아
양손에 움켜쥐고 돌아왔다

영문도 몰라 눈을 깜박이는
동생의 등을 토닥이며
뒤안 처마 밑에 데려가 앉아
달고 찐득거리는 엿을

천진난만하게
연신 미소를 지으며 빨아먹고 있다

원두막과 개구쟁이들

오월의 푸르름 속에
서리는 잦아들고

띄엄띄엄 구덩이를 파고
꿈을 심듯 정성스레
수박 모종을 심었다

초여름 뜨거운 햇볕 아래
나날이 다르게 덩굴은
뻗어 나아가고

이제 땅을 기던 넝쿨에는 꽃이 피고
대가리만 한 수박이 주렁주렁 열렸다

농부는 시절이 되었음을 알고
이엉을 엮어 원두막을 세웠다

새벽부터 밭에 나와 일하던 농부는

피곤함이 몰려와 원두막에 누워
낮잠을 청한다

철없는 동네 꼬마 녀석들
이때를 놓치지 않고
수박밭에 살금살금 기어가
두근두근 가슴을 조이면서도

풍선처럼 부풀은 수박을 따서 양손에 들고
뒷동산 왕솔나무 아래 숨어서
키득거리면서 빠알간 수박을
맛있게도 먹고 있다

해 질 무렵
원두막의 농부는
금이 가 실로 꿰맨 박쪼가리*에
수박 껍질을 가득 담아 이 집 저 집 쫓아가
수박 농사 망쳤으니 어떡할 거냐고

이제 남은 것은 매타작뿐이다
이 집 저 집 매타작에
아이고아이고 아야 창가 드높다

개구쟁이 녀석들
아픈 가슴을 쓸어내릴 듯
소나비가 쏟아진다

* 깨어진 박 바가지

새벽의 날벼락

이른 아침
어머님이 싱글벙글하시면서
소금이 떨어졌다
아랫집에 가서
소금을 받아오라 심부름을 시키셨다

머리에 키를 씌워주고
손에는 바가지를 쥐여 주셨다
나도 왠지 기분이 좋았다

아랫집에 가니
아주머니가 아궁이에
불을 지피고 계셨다

아주머니도 싱글벙글하시면서
반갑게 맞이하여 주셨다

참!

왠일인지
오늘 기분 좋은 날이다

이때 갑자기
허드렛물을 얼굴에 쫙 부어 버리고
못된 버르장머리 고치라며
부지깽이로 키를 두른 머리를 때리는데
나는 혼비백산하여 집으로 도망쳤다

집에 오니 어머님이
너털웃음을 짓고 계셨다
나는 영문도 모른 채
기분이 묘했다

허물 덮는 횃댓보

아랫목 벽짝에
긴 대막가지 질러 놓고
갖가지 옷을 치렁치렁 걸어 놓으니
영락없이 여인의 헝클어진 머리카락 같다

널찍한 광목 한 필 벽에 대니
너무 싱겁고 삭막하다

온갖 정성 들여
원앙 공작 잉어 나비
난초 소나무 개나리 수양버들을
오색 날실과 씨실로 수를 놓으니
걸지고 보기에도 좋다

횃댓보 한 필로도
이렇게 쉽게
허물을 덮을 수도 있는데

수많은 날
우리의 인생
티 없이 맑고 정성 어린
횃댓보 한 필이 아쉽다

제3부

저 하늘에 사랑이

꿈 많은 박댕이

한 세월 기다림
칠석을 맞아
덩굴 뻗어 허공을 부여잡고
초가지붕 언저리에
자리를 잡았다

갓 피어나
소박하지만 구차하지 않고
희디희지만 눈부시지 않아
바라보는 눈길
쉽사리 뗄 수가 없구나

어두움을 더듬으며
쏟아질 듯 둥근 지붕 위에
하얀 박꽃 흐드러지고
밤이면 밤마다 만월의 꿈을 꾼다

하얀 서리 내릴 때

대공은 늘어지고
헐벗은 지붕에는 박댕이*만
옹기종기 모여 있네

날카로운 초승달
새벽녘에 기울 때
박댕이를 내리치니
반쪽으로 나뉘어
표주박 되었어라

서녘 하늘에
은하수 되어 흐르는 별
넘치도록 퍼 담는다

* 덩어리를 이르는 말

나락 모가지

봄내 키웠던 못자리
큰 기대를 걸고 모내기하였네
초가을 나락 노랑 방울 들어갈 때
태풍에 폭우 쏟아져 다 쓰러졌네
그래도 괜찮아
내년에 더 잘 지으면 되니까

힘들게 빚 얻어
모래 실어다 블록 손수 찍어
밤낮 안 가리고 집을 지었네
군 전역하니 집이 팔렸네
그래도 괜찮아
새로 지으면 되니까

오 남매 다 키워
취직하여 자리 잡으니
어머님 돌아가셨네
아! 눈물이 앞을 가리네

사십여 성상
짜다 맵다 지청구 들으며
공직생활 뜻 받아 내조하더니
정년퇴직하며 가가* 떠났네
아! 온 세상이 내려앉는구나

나는 정말 꿈다운 꿈 한 번만 꾸고 싶다
진짜처럼……

황금 물결치는 저 들녘에서
알알이 등 터져 치렁치렁 대는
나락 모가지 한 움큼 잡아가며
허리가 끊어지도록 앞서거니 뒤서거니
단, 하루만이라도
가가와 둘이서 누런 나락을
웃으며 그렇게 베고 싶다

*가가: 나의 사랑하는 안사람의 애칭

어쩔 거나

어쩔 거나
어쩔 거나
너만 보면 숨이 막히고
너만 보면 주저앉고 싶구나

어쩔 거나
어쩔 거나
어제까지만 해도
쇠뭉치같이 단단하던
얼음조각이
흐물흐물 묵같이
녹아나는구나

어쩔 거나
차갑지도 않고
뜨겁지도 않은
네가 온다니
난 아무것도 할 수 없어

어쩔 거나
아지랑이 피어나는
양지쪽에 머물고만 싶구나

진짜
난 어쩔 거나
겨우내 나를 붙잡던
차가움을 떨쳐버리고
너를 꼭 껴안고만 싶구나

사랑의 눈물

새봄의 죽순은
하늘 높은 줄 모르고
얼굴을 내밀었다

흡족한 봄비 속에
구척장신 사랑을
무작정 키워 왔다

끝없는 가뭄 속에
높이 뜬 흰 구름은
어서 오라 손짓하고

왕대 손사래로
한사코 말린다

삼복더위 담방으로
죽부인이 최고라고

황새(낫) 부리 세워
가슴팍을 찍었다

후회해도 소용없네
부리 찍힌 가슴에

깊은 샘 파여져
눈물만 넘쳐난다

첫사랑의 고백

팔월의 보름달
수줍은 듯 돌담 위로
살며시 고개 내밀고
온 세상 눈부실까
은은히 세상 비춘다

친구 삼은 보름달은
쟁반 같은 큰 눈 뜨고
내 모든 것 다 보았네

팔월의 초저녁
풀벌레 깊은 밤을 재촉하고
꼬깃꼬깃 구겨진 옛 추억은
소리 없이 내리는 하얀 이슬에 젖어
힘없이 펴지고

구름에 달 가린 밤

첫사랑의 입맞춤을
고백하고 말았네

못다 한 사랑

나는 단 한 번도
사랑해 본 적이 없다
부끄러울 수도 있지만
이른 아침에도
으스름한 달빛 아래서도
단 한 번도 눈길을 주지 않았다

스스로 회초리를 들어
날마다 가슴을 내리치면서도
단 한 번도 비집고 들어갈 틈을
내어주지 않았다

어느 늦가을 날
빠알간 단풍잎 위에
내 눈물이 떨어져
으스스 얼어 갈 때면
더욱 가슴이 시리다

이제 나는 나를 위하여

단 한 번

붉게 타오르는 황혼에

풍덩 빠져들고 싶다

바보 같은 인생

나는 바보다
내가 하기 싫은 일을
나는 하고 있으니까
안 하면 되는데

나는 바보
가기 싫어도
나는 가고 있으니까
가지 않으면 그만인데

나는 진짜 바보
마시기 싫어도
나는 마시고 있으니까
안 마시면 그만인데

난 지금까지 바보로만 살아왔지
들려도 들려도
듣지 못했으니까

하지만,
앞으로도
바보로 살아갈 수밖에 없다
생각이 떠올라도
어차피 할 수 없을 테니까

망부의 한恨

천년
그리고
새천년의 한

백제 여인의 눈물
안개 되어 흐르더니

내장산 봉우리
서래봉에 걸렸다.

달 깊숙이 져도
여명의 안개는
굽이굽이 봉우리에 끼여
헤어나지 못하고

행상 간 임께서는
어두움도 마다않고
비바람도 헤쳐내고

눈길에 미끄러져
시퍼렇게 멍이 들고
붉은 달 오랑캐 물어
진흙길 디딜세라

동지섣달 긴긴밤에
장독대에 촛불 밝혀
두 손 모아 합장하니
아낙네 머리 희어지고

셀 수 없는 어두운 밤을
굴비 삼아
하늘 허리에
줄줄이 엮어 너니

무소식 기다림에
돌덩이 되어 굳었다

삶의 길목

한세상 사는 것
쉽다고들 하지만

어제는 포도요
오늘은 가시밭길
끝없이 펼쳐진다

인생은 쓴맛 단맛 어우러지고
오는 길 요람이요
가늘 길 상여소리

오가는 길 비명에도
저 먼바다에선
하릴없이 파도가 출렁인다

제4부

봄부터 겨울까지

봄이 올라치면

봄
누가 부르지 않았다.
누가 재촉하지 않았다.

봄
누가 애타게 찾지도 않았다.

다만,
깊은 골짜기 언덕 밑에
겨우내 굳게 얼었던 얼음이
겨울이 멀어져 가는 서러움을 주체 못 해

한 방울 두 방울 뚝 뚝 흘리는 눈물 소리에
복수초는 선잠에서 깨어나 지켜보고 있었다.

이제 침묵만을 고집하던 골짜기는
새봄을 파는 시끄러운 소리에
어렴풋한 여명도 내어 주고 말았다

골짜기는 졸 졸 졸 봄을 흘려보내고
버들강아지는 늦을세라
털북숭이 더욱 부풀려 얼굴 내밀고

힘차게 흐르는 냇가에서는
부지런한 개구리 봄을 지치고 있었다.

이제 봄이 왔다는 것을 양지쪽 강아지도 알고 있었다
 가녀린 진달래도, 처녀의 치마폭에도 봄이 수놓아져
있고
 이제 바람은 봄을 흘리면서 부지런히 실어 나르고
있었다

 북쪽으로
 차갑디차가운 저 북쪽으로

봄이 오는 길목

봄이 오는 길목은
야단스럽다
갈대가 흔들리고
억새가 춤을 춘다

봄이 오는 길목은
수선스럽다

삼삼오오
숫처녀들의 수다가 드높고
노랑 치마 빨강 치마가
바람에 휘날려버린다

봄이 오는 길목은
시끄럽다

시냇가 개구리가
버들개지 따먹으려고

첨벙첨벙
뛰는 소리가 정신 사납다

봄이 오는 길목은
큰일 났다

양지쪽 아지랑이가
소리도 없이
겨울의 끝자락을
모두 태워버리고 있다

숫처녀의 봄

돌 떠들면
새하얀 싹 돋아나고
봄은 추위 속에서
그렇게 숨어 있었다

양지쪽 아지랑이도
인기척이 있으면
피어오르지 않고
멀리서 조용히 바라볼 때
조심조심 피어오른다

살구꽃 봉오리도
봄을 재촉하면
피어나질 않고
따스한 봄바람이
소리 없이 다가와
꽃봉오리 뚜껑을
활짝 열어젖힌다

숫처녀의 가슴속에
봄을 간직하고 있지만
쉽사리 내어놓지 않는다

봄의 꿈속에서
따스한 사랑을 속삭일 때
치마 나부끼며
새봄을 내어놓는다

노오란 봄

양지쪽 울타리에
부지런한 개나리가 노오랗게 피었다

담 밑의 기왓장을 떠들어 봐도
풀이 노랗고
들녘에 솟아오르는 새싹들이 노오랗다

달기갈이* 병아리가 노랗고
꽃밭에 수선화가 노오랗다

깊은 산속 산수유가 노랗고
생강나무도 노오랗다

처녀들의 저고리가 노랗고
불어오는 봄바람마저 포근하고 노오랗다

봄은 모두 다 그렇게 샛노오랗다

* 달기갈이: 닭장의 방언

우물가 버드나무

다소곳한 양지 터에
아홉 자 치마폭을 조심스레 드리우고
천 자 만 자 깊은 샘 누굴 기다리나

가는 길손
오는 길손
모두 다 마다 않고
소식 물어봐도 수줍은 듯 말이 없네

새봄의 참빗으로 고운 자태 단장하고
님 오실 날 준비하여
숨 가쁘게 달려오면
천 가닥 머리 풀어 그대를 감싸 안네

시끄러운 나팔꽃

겨우내 잠들어
황량한 이른 봄
하나 둘 싹이 터서
대지를 메꾸어 채운다

조그만 나팔꽃
덩굴손 뻗어
울타리 칭칭 감고

새벽에 이슬 머금어
소리 없는 나팔을 불어젖히면
조용한 세상은 놀라
바람이 불어오고
나뭇가지들을 마구 흔들어 댄다

늦잠에 깨어난
철없는 나비는

이슬을 털며

두손 모아 얼굴 감싸안은
나팔꽃 귀에 대고
꿀단지 내어 노라
덩실덩실 춤을 춘다

합죽선

여름이 오는 길목
끝없는 하늘을 향해 자라는
풀인지 나무인지
밤낮으로 마디져
고집 피우며 자라난다

춘풍추우 엄동설한
이듬해에 영글면
황새낫 들이대어
갈래갈래 쪼개고

닥나무 곱게 갈아
물 위에 띄우면
하이얀 하늘
백지장이 펼쳐진다

기쁨에 한 겹
부챗살 심을 박고

슬픔에 한 겹
추억을 구겨 넣는다

켜켜이 눌린 목
삼복더위에 시원스럽게
자르르 펼쳐본다

무지개 뜬 계곡

무더운 여름 나절
소나기 퍼붓고
천둥소리 요란하니
지천에 아무도 없구나

침묵의 계곡에는
성난 붉덩물 흘러내린다

먹장구름 흩어지고
하얀 뭉게구름 피어나니
해님은 얼굴 내밀고

안개 낀 산허리에
산등성이 병풍 삼아
손에 잡힐 듯
둥글게 무지개 휘감았다

백로 떼 하얀 날개 펴고

낙락장송 푸른 왕솔밭에
나비처럼 날아드니
무릉도원이 따로 없구나

용수골 방죽

얼기설기 막아
방울방울 모아
물 잡아 놓으니
물방개, 물장군 날아와
미꾸리, 붕어와 어울린다

반백 년 세월에
너른 논 거느려
목마름을 달래주고
장대비 흘러오면
반기며 잡아 두고

이따금 날아온 새
쉬어가기 좋으니
두루미 원앙 청둥오리
모두 다 반겨 맞고

무더위에 못 견뎌

온몸 던져
풍덩 빠지면
사뿐히 몸을 받아
더위도 식혀주네

오!
방죽이여
추억의 용수골 방죽이여
부디
영원하라

황소와 무지개

소나기 퍼붓자 황소 날뛰고
주인은 온데간데없는데

번개와 천둥은 번갈아 주고받고
황소는 마음이 더욱 급한데
말뚝은 풀리지 않아 제자리만 뱅뱅 돈다

주인은 주막에서 고추에 된장 찍어
막걸리에 정신 팔고

한 천둥에 한 잔 취기는 하늘 높고
연신 막걸리에 순배는 지쳐 가고

해는 서산에 하루 마무리를 재촉하고
쌍무지개 천산을 휘감으니

몰인정한 주인의 원망은 눈 녹듯 사라지고

황소는 느긋한 마음으로
어느새 풀을 뜯고 있구나

코스모스

함초롬히 길가에 피어

오는 사람 반기고
가는 사람 배웅하네

슬픈 사람
위로하고

흥 난 사람
부채춤 추어 준다

연유 없이 웃기만 하는
속마음을 알 수 없고

끝없이 펼쳐지는
양 갈래 길

반짝이는 이슬 머금고

순진한 미소 던지는
너를 닮고 싶다

한가위의 보름달

둥근 쟁반
크게 들어
오곡백과 담으련가

초가삼간 지붕 위에
박댕이 빛나고
달맞이꽃 신이 나서
활짝 피어 웃는다

억새풀 옷자락에
흰 구슬 꿰어찼다

고향 가는 마차는
힘차게 달리고

익은 송편 장독에서
박속처럼 새하얗고

활짝 웃는 달님에
황금벌판 웃음으로 화답하고

동산에 모여든 아낙네들
강강술래 드높고

밝은 달 가을밤에
웃음소리 담을 넘고

귀뚜라미 시끄럽다
잠 못 이루는 한가위다

가을이 취했다

어두운 밤하늘
반짝반짝
날이 새도록
재촉하더니

별들은 쇳물처럼 녹아
유성이 되어
소주 고리에 풍덩 빠져들고
풀잎에 이슬 되어 방울져 흐른다

새벽
하루 시작을 위해
해장술을 들이켠
동녘의 해는
하늘에 흩어진 구름을
빨갛게 물들였다

세상은 온통 취했다

주렁주렁 대추가 빨갛고
가시 돋친 밤송이가 빨갛다

먼 산의 봉우리가 붉어가고
감나무의 홍시가
풍선처럼 부풀었다

고추잠자리도 빨갛게 취해
머슴이 쓸어 놓은 텅 빈 마당을
빙빙 돌고
석양의 노을도
산에서 내려오는 행인들도
모두가 딸기코다

취했다
오곡이 익어가는 풍성함에
가을이
세상이
온통 모두가 붉게 취했다.

억새의 추억

보라
봄을 지나고
여름을 지나온
가을바람이 온다

보라
불달은 인두처럼 뜨거운
여름을 이겨내고
뼛속을 에이는
추위를 이겨냈다

보라
얽히고설킨 잡초더미 속에서도
하늘길을 찾아 피어난
억새를 보라

한 해를 마무리하는
산과 들녘에서

허연 머리는
모두 한곳만을 바라보고 있다

보라
억새가 가리키고 있는
저 산 너머를
아마
그곳에는
우리가 갈망하는 모든 것이
있을 것 같다

보라
억새가 일러주는 길을 따라
벌써 나그네는
저 산 너머를 말없이
가고 있지 않느냐

풍성한 가을

무더운 팔월의 폭염 속에서도
매미 소리의 장단에 맞추어
뜨거운 햇살을 주섬주섬 챙기던
밤나무가 기어코
토실토실한 밤송이로
가을을 토해내고

억새는 알밤을 치마폭에
깊이 감추고
바람결에 손 흔들며
가을을 불러들인다.

드넓은 들녘은
황금물결로 변해
출렁거리고

하늘은 끝없이 드높아
푸르름이 더하고

먼 산의 봉우리는

온통

색동저고리로 갈아입었다

매미의 창가

한 절기 맛보려 칠 년 공을 들였구나
십 년 세월 강산이 변하는데
모진 세월 피하려고
땅속에서 굽어 굽어 참았는가

삼복더위 홀로 서서 정수리에 샘을 팠다
쟁기 부여잡고 떼왈 밭에 고추 심고
모시 베어 길쌈 메고 텃논 가서 지심 메며
농사일을 천직으로 살아왔네

지나가는 나그네 갈 길 재촉하고
땀 흘려 일하는데 해님은 인정 없네

구름은 산허리에 팔을 빼지 못하고
바람도 처갓집 논물 대러 불려갔네

방아 찧는 더위에
맴~ 맴~ 누굴 위해 창가인가

호박 잔치

설익은 봄날
담장 밑 한 포기 호박이 돋아났다
어렴풋이 동창이 밝아오면
그제서야 가냘픈 안도의 숨소리가 들려온다

봄의 어리숙한 땡볕에 팔뚝 허물은 벗어지고
호박벌 재촉하니 못 이기듯 꽃이 피고
장마에 애호박 이름표를 달았다

대막가지 벗을 삼아 토담을 기웃대고
삼복에 양산 드리우니 무더위는 덜었다
초가지붕 손짓하니 덩굴손 뻗어올라 가고

팔월의 한가위에 가을바람 스산하고
때 이른 서릿발에 웃옷은 녹아나고
초저녁 달 뜨기 전
초가삼간 지붕에는 호박 잔치 열렸다

머슴과 고추잠자리

큰 마당 빙빙 돌면서
두 눈 크게 뜨고

혼자도 아니고
떼 지어 찾는 것은

보물일까
첫사랑의 추억일까

처서의 찬바람이
석양 해를 모는구나

하루 마무리에
머슴은 마당 쓸고

해거름이 다 되도록
하루 내 그을려
빨갛게도 탔구나

꼬리 무는 계절

무성한 풀잎 속에서
말없이 갉아먹던
귀뚜라미는 큰소리로
가을을 불러들이고

높은 나뭇가지에
핏빛 낙엽은
귀뚜라미를 덮어
말없이 잠재운다

낙엽은 복수의 전설을 뇌까리며
흰 눈 속에 파묻혀 잠들어 간다

눈 녹는 새봄이 오면
속없는 새싹은
또 하늘을 향해 고개를 내밀겠지

메뚜기 세상

황금벌판 들녘에
먹거리 풍성하여

소문이 자자하니
메뚜기도 한철이라

뛰는 것은 메뚜기다
대두병 옆에 끼고
뛰기 전에 잡아 보자

메뚜기 눈 흘긴다
메뚜기가 천지다

어깨에 붙었다
머리에도 붙었다

새끼 꼬아 목 걸어
짚불에 구웠다

오늘의 재미가
메뚜기의 고소함만 못하다

철갑 두른 소나무

봄이 오면
송홧가루 날리어
온 세상 노랗게 물들이고
미물의 굶주림에 자비를 베푼다

여름이면
푸르른 솔잎 바늘 되어
뜨거운 태양의 더위를
낱낱이 꿰어
그늘 밑에 말린다

가을이 오면
노오란 솔잎 하나 둘 모아
서늘한 대지를 덮어준다

겨울이 오면
매서운 북풍한설 앞세운
동장군 마중을 위해

또 한 꺼풀
철갑을 두르고 있다

초가 지붕의 엄살

해 질 무렵
서녘 하늘에 먹물을 뿌린 듯
시커먼 구름이 막무가내로 몰려온다

함박눈이 하나 둘
은하수처럼 바람에 미끌려 나린다

소복소복
소리 없이 밤새
아무도 보지 않아도
부지런히 나린다

주먹만 한 함박눈에 맞으면
머리에 수없이 혹이 날까 봐
아무도 보이지 않는다

이른 아침
언덕배기 깔꾸막*에

동네 꼬마들 다 모였다
하하 호호 미끄럼 놀이에 재미나고

강아지는 즐거워 눈밭에 뒹굴고
어린 아들 녀석은 고드름 빼어들고
손 시린 줄 모르고 칼싸움 놀이 한창이다

뿌듯하다
금년에는 눈이 많이 와
하늘받이 다랑논에 물잡기가 쉽겠어

초가지붕은 감당하기 어려운 흰 갓을 쓰고
무너질 듯 힘들어 끙끙대는데

온 세상은 즐거워 야단스럽다

제5부

세상살이

이끼와 바위

천년 나이가 부끄러워
푸른 이불 덮었더냐
모진 세월 흘려보내
아픈 상처 덮었더냐

가는 세월 붙잡으려
푸른 방석 깔았더냐

보내고
또 보내어
빈자리 메꾸려고
푸른 이불 덮었더냐

천 길 높은 하늘에서
빗방울 떨어지니

인고의 세월을 달려온
천년 주목도

비바람에 쓸려
빨갛게 붉혀있고

단단한 차돌 바위도
구르고 또 구르더니
퍼렇게 멍이 들었구나

구름의 속마음

끝이 없는 짙푸른 창공에
알 수 없는 형상은
무엇을 뜻하는 것인가요?

그렸다 지우고
지우고 그리는
크나큰 그림은
누구를 보여주기 위함인가요

웃는 얼굴
성난 얼굴
금세
무표정한 얼굴
무엇을 그리기 위함인가요

세상사 많은 일들
형상마다 다른 모습
날이면 날마다

끝없이 그려내는

멈추지 않고 그리는
당신의 진정한 마음을
정말 알 수가 없네요

망각忘却

뼈에 사무친 원한
쓰라린 가슴 안고
고개를 넘고 또 넘었다

숨이 차올라
먼 산 바라보니
저 멀리 희미하게 보인다

숨이 턱턱 막히는
여름의 폭염
입추의 문턱에서
귀뚜라미 울자
하얀 이슬에 옷깃을 여민다

각오를 다지고
하루 해를 맞이하며
술 끊기를 맹세했다

술 익는 소리에
장단 맞춰 춤을 추고
한 사발 들이켰다
작심삼일이다

처절한 그리움에
목숨 걸어 사랑했다
군에서 제대하니
사랑이 돌아섰다

장가들어 자식 낳으니
애자지정愛子之情에
반포지효反哺之孝는 어디로 갔느냐

산다는 것은

낳아 주심과 길러주심에
감사하고

내가 살아 있음은
먹을 수 있고
마실 수 있고
느낄 수 있음에
감사하고

내가 살아간다는 것은
일할 수 있고
베풀 수 있고
걸을 수 있음에
감사하고

내가 할 수 있는 일은
기르고
가꾸고

지키고
새롭게 나아갈 수 있음에
감사하고

진실로
우리가 감사하며
살아가야 하는 이유는
소망을 이룰 수 있는
간절한 기도가 있기 때문이다

인생은 강물

밤하늘의 무수한 별들이
반짝이다 지쳐서
희뿌옇게 변했다

이름 모를 별들이
꿈을 찾아 반짝이고

꿈을 찾는 이에게
희망을 안겨 준다

인생의 흐름에서
만남을 알 수 없고

꿈의 세계
미지의 세계로 가는
미리내

알 수 없기에 가는 길

끝없이 펼쳐지는 미리내

상상할 수 없는 곳으로
미리내를 향하여
인생은 강물 되어 흐른다

시절

때가 되었다
봄날 꽃봉오리가 부풀어
꽃 필 준비가 되었다.

때가 왔다
여름내 푸르름을 자랑하던 나뭇잎이
노랗게 변하여 바람에 휘날려
땅에 떨어지고 있다

때가 되었다
넘실넘실 방파제를 넘을 것 같은
바닷물이 썰물 되어 물러간다

하늘에서 빗물이 떨어지고
추운 겨울이 오니
하얀 눈이 되어 흩날린다.

세월이 흘러
어린 소녀가 자라나
시집가더니 하얀 파뿌리를 머리에 이고
고갯길을 넘어간다

조급해 하지 마라
때가 되면 올지니

서두르지 마라
모든 것은
때가 되면 저절로 이루어지니

자
때가 이르렀다

가자

밤하늘의 진주

서녘 붉은 노을에
온 세상이 취했다

이제
조금 있으면
저잣거리의 마지막 파장에
천 냥의 황금도
양귀비의 미모도

어둠의 투전판에
저당 잡혀 잠들지니

캄캄한 밤에
옳고 그름이
앞과 뒤가 보일까

가을이 깊어지면
밤송이가 벌어져

알밤이 떨어지듯

어둠이 깊어지면
밤하늘도 영글어
진주처럼 영롱한
참 빛을 쏟아 내린다

달님의 마음

밤에도 활짝 웃는
달님은 뭐 이 그리 좋은지

고향 찾는 나그네의 기쁨일까
일곱 살 철없는 색동옷의 기쁨일까
아니면 떠난 임을 맞는 숫처녀의 미소일까

구름의 틈바구니에서도
세상을 밝히려는
달님의 깊은 뜻은

아마도
말없이 산길을 걷는
나그네의 등불이 되고
등잔이 없어 면학하는 선비의
친구가 되고

병영에서
고독하게 서 있는 초병에
고향을 비춰주고

서러워 우는 연인의
서로의 눈물을 닦으라는
비춤의 등불일 게다
그러나 모두가 잠든 밤에도
서산에 높이 떠
이 밤을 다 새우며
세상을 비추는
달님의 깊은 뜻을
누구에게 물을꼬

산과 들녘

산과 들녘은 말이 없구나
드넓은 벌판에
가득 찬 풀들이
폭우가 쏟아지는
뜨거운 여름에도
말없이 제자리를
지키고 있네
그래서 들녘은 아름답구나

산에 산에
높은 산에
나무들이 빽빽하게
가득 차 있구나
눈 내리고 차가운 바람 불어오는
추운 겨울에도
그저
말없이 천 년을
제자리를 지키고 있구나

바람과 괴석의 틈바구니 속에서도
말없이 조화롭게 살아가고 있구나
그래서 다들
산과 들은 아름답다고들 하는구나

더 높은 곳을 오르면

일봉에 오르니
초가삼간 지붕에 호박 널려있고

삼봉에 오르니
호수에 산허리 그림자 보이고

오봉에 오르니
너른 들판 황금물결 춤추고

칠봉에 오르니
굽이굽이 강물 흘러가고

구봉에 이르니
삼천리 금수강산 끝없이 펼쳐있네

오솔길의 오지랖

나무 서로 어깨 기대어
사이좋아 보이네
산새들 지저귀고
들짐승 오가니 오솔길 생겼네

나그네 짊어진 고뇌
고봉 되어 바람에 흩날리니
다람쥐 부지런히 물어가도
남아 넘치네

산을 찾는 사람들 무슨 고뇌 그리 많은지
모두 다 삶아져 있다
세상은 들끓는 가마솥인가

오솔길 배웅 끝에
수많은 사연을 다 휩쓸어간다

제6부

정말 당신은

눈여겨보지 마라

하얀 승무에
나풀거리는 치맛자락
고요하고 엄숙하다

불어오는 바람에
나뭇가지는
하릴없이 흔들리고

서녘의 하늘에
높이 나는
백로의 날개가
붉게 타오른다

하얗게 드러난
빠알간 미소
눈여겨보지 마라

시절 되어 떠나갈 때
가슴 깊이 박힌 정을
어떻게 보낼쏘냐

문틈 사이로

하루의 시작은
여명을 앞세워 빗장을 여는구나

다 보이지 마라
쉽사리 보이지 마라

물안개 피어나는 저 너머에는
토끼가 거북이 등을 타고
용궁을 넘나들고

저 높은 돌담 너머에는
꽃들이 풀잎을 떠받들고 있구나

보이지 마라
쉽사리 보이지 마라
세상은 그렇게 쉽지가 않으리니
네 모든 것 다 보이면
떠나고 말지니

저 풀숲 너머
아무도 보이지 않는 곳엔
쥐가 고양이 등을 타고
호령하고 있구나

하루의 해는 쉽게 뜨고 지지만
한 세상은 쉽지가 않구나
다 보이지 마라
네 세상을 쉽게 보이지 마라

모든 것 보여주고
모든 것 내어 주면
떠나고 말지니
문틈 사이로
조금씩
조금씩
보여 주거라

석수의 정

모난 돌이 정 맞는다
엎드려라
세상의 정화에 순응하라

석수의 정은 모난 돌을 쫀다
정이 무섭거든
엎드려라
세상에 순응하라

밀물도
썰물도
모래톱을
휩쓸어 버린다

모난 섬이 보이지 않을 때
저 멀리 수평선이 펼쳐진다

담배 그리고 나

쭈 ~ 욱
한 모금 담배 연기

세숫대야에 가득 찬 미꾸리에
소금을 한줌 뿌려 주면
전신에 스며드는 아릿함
니코틴은 나를
그렇게 사로잡는다

가물거리는 상념
그 끝을 잡으려

애써
손을 휘저어 보지만
허공에 흩어지는
연기에 희석되어
허무함만 불러들인다

내 마음 어디에 둘까

내 마음을 둘 곳이 없어
시렁 위에 올려놓으니
밤새 쥐가 다 갉아먹었다

어디에 둘까
벽장 속에 깊숙이 넣어놓으니
답답한 마음 달랠 길 없다

고목 진 정자나무 위에 올려놓으니
바람이 다 쓸어가 버린다

파란 내 마음
길거리에 높이 걸어놓으니
많은 사람들 구설수에
회색빛으로 퇴색되었다

정말
내 마음 둘 곳이 없어

밤새 고민하다가
그냥 내 가슴에 가만히 내려놓는다

정말 당신은

이른 봄
양지쪽 언덕에
아지랑이 피어오르는 소리
들린다면
정말 당신은 깨어 있는 사람이다.

들녘에 새순 돋아나며
소곤거리는 정겨운 대화가
들린다면
당신은 정말 마음의 귀가 있는 사람이다.

파란 하늘에
뭉게구름 피어나는
길목을 안다면
정말 당신은 신선 같은 사람이다.

푸른 오월에
갓 피어나는 꽃송이를 보고

감탄할 수 있다면
정말 당신은 행복한 사람이다.

늦가을
낙엽 지는 소리에도
눈물이 글썽이면
당신은 정말 아름다운 사람이다

해가 지고
어두움이 짙어질 때
새벽이 몰려오는 소리가
들린다면
정말 당신은 준비된 사람이다.

물안개 피는 물가에 앉아
한 손에 걱정을
또 한 손에 희망을
들고 있다면
정말 당신은 보통 사람이다.

감추어라

새벽에 떠올라
온 세상을 비추느라
불그레 지친 해는
남 보기가 부끄러워
서산 뒤로 숨었다

고양이 쥐 잡을 때
발톱을 세웠지만
주인의 부름 앞에
발톱을 감추었다

인생 사 모든 일이
내 맘대로 안 되어
용암처럼 끓는 가슴
웃음으로 감추어라

어쩌다 운이 좋아
좋은 일 있어도

싱글벙글 웃지 말고
슬픈 남을 위해
기쁨도 감추어라

내 각시가 예뻐도
내 자식이 잘되었어도
큰돈을 벌었어도

조용히
조용히
마음속에 감추어라

오늘도 찬란하게
해가 떠오른다

어제는 오늘 속에
오늘은 내일 속에

감추어라
감추어라
붉은 해가 서산 자락에 지듯이
모든 것을 감추어라

제7부

유혹의 나래

통한의 전봇대

오래되어 낡은 전봇대는
차가운 가로등을 켜고
이따금 불어오는 바람에
나뭇잎이 떨어지는 것을
물끄러미 바라보고 있다

도심의 거리에 앙상한 나뭇가지는
썰렁하게 움츠리고
진눈깨비 떨어지니
계절을 졸업한 낙엽은
지나가는 행인들의 구두 발자국에
으깨져 갈 곳을 잃고
진흙탕에 떨어진 빗물처럼
찐득찐득하게 제자리만 맴돌고 있다

차가운 겨울바람 불어오는데
바람을 막아 줄 잎사귀는 떨어져
앙상한 나무처럼

뚜벅뚜벅 서있는 전봇대에
사람 구함!
사람 구함!
전단지만 덕지덕지 붙여지고

깡마른 전봇대에 부얼부얼 턱수염처럼
전단지가 바람에 펄럭거리고 있다

춥고 배고프고 외로운 전봇대는
의지할 곳 없는 안타까움에
홀로 서서 엉엉 울어버린다
겨울이 더 깊어지기 전에
하나라도 더 세워져야 하는 걱정에
낡은 전봇대는 이제 새로 심어지게 될
새 전봇대를 측은하게 바라보며
할 말을 잃고 엉엉 울고 있다

새 전봇대는

세워지지도 않았는데
칼바람에 쫓기면서
길게 쭉 누워서
잠이 깨면 잊힐 꿈을
하릴없이 꾸어 본다

향로봉으로 갈까
차라리 서해 백령도로 갈까

엄습하는 추위에
땅은 온통 깡깡하게 얼어 가고
바람은 더욱 세차게 불어오니

낡은 전봇대와 신작로에
막 세워진 새 전봇대는
서로 어깨를 기대고
서울에서 부산까지 구석구석
시베리아 얼음장보다 차가운 냉기를

전기처럼 흘려보내
더욱 깊어 가는 겨울 추위를 채찍질하고
팔도 방방곡곡을 추위에 벌벌 떨게 만드니
가슴속을 후려 파는 고통을 못 이겨
들어 줄 이 없는 줄 알면서도
더욱 큰 소리로 엉엉 울어 댄다

다만,
몇 안 되는 귀 밝은 사람들만이
세워질 곳이 없어 방황하며
엉엉 통곡하는 전봇대 울음소리에
시끄러워
잠 못 이루는 밤이 될 것이다

허공을 치는 징채

앙상한 가지에
두 주먹 꼬옥 쥐고
하늘을 향해
손을 내밀었다

세찬 비바람을 이겨 내고
이파리는 활짝 펴 하늘을 가리고
머언 길을 가는 나그네의
여독을 달래준다

매미를 불러들여
자연을 일깨우니
만물이 생동한다

갈대는 바람에 휘날리며
하늘을 간질이니
성난 하늘은 찬 이슬을 몰고 왔다

이윽고
싫증난 계절은
푸르름이 노랗게 녹아난다

매서운 서리에 놀란 나뭇잎은
외마디 비명도 없이
낙엽 되어 떨어지고
헐벗은 나뭇가지 사이로
겨울은 새어 나온다
세찬 바람은
푸른 창공을 밀쳐내고
회색빛 하늘 문을 열어젖혔다

높이를 알 수 없는
끝없는 하늘에서
하얀 눈은 소리 없이 내리고
세상의
모든

허물과 비밀
그리고
고통과 아픔
또,
기쁨과 슬픔마저도
하얗게 덮어 버렸다

오로지
하얀 세상을 바라보는 눈은 침침해지고
지루한 겨울도 지쳐만 간다

그저 침묵을 깨고 싶은
강바닥의 얼음이
금 가는 소리에

놀란 겨울은
물러갈 때를 알았는지
산허리의 하얀 이불을 걷어 젖히고

스스럼없이 일어난다.

굳게 닫힌 마음의 문도
억지로 녹아 흐른다

이제
플라타너스의
깡마른 나뭇가지엔
허공을 치고 싶은 방울들만
무수히 매달려 있다.

낮은 대로 임하면

잔잔한 호수에
밤새 날 새기를 기다려
여명이 되니
소리 없이
물안개 피어오르고

이따금
가녀린 안개로
소란스런 세상을 덮어
조용한 세상으로 바꾼다

뜨거운 여름날
대지의 초목들이 시들어 가고
드넓은 호수가 바닥을 보이며
갈라져 갈 때

빗물은 땅을 적시며
온 세상에 생기를 불어넣고

나눠지고 쪼개져
다시 만날 수 없을 것 같지만
모두 다 잊고
또 눈 비 되어 하나가 된다

낮은 곳을 향해
흐르는 물처럼
세상살이 마음을 비우면
얼마나 아름다운 세상이 될까

꼬리표

이른 새벽안개 거친
저잣거리에
저마다 다른 꼬리표를 달고 있구나

생선을 죽 늘여 놓고 둘러 모여
값을 매기고 있구나

드넓은 목장에서
외양간에서 끌려 나온
덩치 큰 소들이

코뚜레 꿰어 말뚝에 묶여
스쳐 지나가는 눈초리에
값이 매겨지는구나

향기 피어나는
과물전果物廛에도
똑같은 열매들이 줄지어 있고

저마다 다른 꼬리표를 달고 있구나

거리에서 오고 가는
크고 작은 사람들

터미널에서 기차역에서
수많은 사람들의
꼬리표는
아무리 보아도 알 수 없구나

유혹

오늘은 결단을 내려야 한다
지금은 아니지만 오늘이 가기 전에…,

현재 열한 시 정각
아직 하루가 지나려면
반나절의 시간이 있다

남은 담뱃갑에는 두어 개비 남아있고
오늘을 보내려면
담배 한 갑 미리 사 들고 주머니에
넣어 놓는다

점심 식사 직후
이미 새로 산 담배는 헐려 있었고
시간의 흐름 속에서 부담 없이 피우고 있다

저녁을 먹고 나니
마지막 담뱃갑은 홀쭉해 있고

아직 시간이 있지만
때가 옴을 느낄 수 있었다

몇 개비 남겨 두고
휘영청 밝은 달을
친구 삼아 작심하고
또 한 개비 피워 물었다

밤 열한 시 오십오 분
하루가 접어져 가고

담뱃갑에 홀로 한 개비 남아있다
마지막 한 개비
애지중지하는 첩도 안 준다는데…,

새날을 맞이하기 전
그것도 빠른 시간에 피워야 한다
꿀 같은 맛이다

이제 새로운 각오로 하루를 마무리하지만
벌써! 오늘이다

이른 아침 눈을 뜨고 누워
머리맡을 더듬지만
더 이상 담배는 찾을 수 없다

아! 오늘부터 담배를 끊기로 했지
이불을 박차고 일어나지만
왠지 힘이 빠지고

하루의 시작이 여느 때와 같지 않고
영 기분이 나지 않는다.

아침을 먹고 새로운 마음으로
새 출발의 고동을 스스로 울려본다
아자! 아자!
진짜 끊어야지

일과가 시작되고 열한 시가 되었다
각오한 지 반나절도 안 되었다

왜?
내가 담배를 끊어야지

점심을 먹고 양치질을 하고 나니
허전해도 너무나 허전하다

아무것도 손에 잡히지 않는다
어느새 철학자의 경지에 올라섰다

사람이 왜 사는가
내가 왜 담배를 끊어야 하는가
무엇 때문에

이제 나는 누구이고
내가 무엇 때문에 살아가는가

내 삶의 목적은 무엇인가

나는 이제 갈대가 되어
바람에 흔들리고 있었고

내 손엔 어느새
새로 산 담배 한 갑이 쥐어져 있었다

꿀보다도 더 달콤한 담배의 추억
왜?
나는 단 한 번의 유혹 앞에도
자유로울 수 없는 것일까

그래
내일은 꼭 끊어야지
얼마나 많은 맹세를 해 왔던가

그러나
허공에 흩어지는 담배 연기처럼
의미 없는 허언을 또 뇌까려 본다

김성효 시집

나는 울렁기다

인 쇄	2021년 9월 15일
발 행	2021년 9월 18일

저 자 김성효
발 행 인 서정환
발 행 처 신아출판사
주 소 전북 전주시 완산구 공북1길 16(태평동 251-30)
전 화 (063) 275-4000
팩 스 (063) 274-3131
이 메 일 sina321@hanmail.net
출판등록 제465-1984-000004호
인쇄·제본 신아출판사

이 책의 저작권은 저자에게 있습니다. 서면에 의한 저자의 허락 없이
내용의 일부를 인용하거나 발췌하는 것을 금합니다.

잘못된 책은 바꿔 드립니다.

ISBN 9791156059585 03810
값 10,000원

Printed in KOREA